NOTICE HISTORIQUE

SUR LA VIE ET LES ŒUVRES

DE JACQUES LE LIEUR.

AU LECTEUR.

Cette notice a été d'abord rédigée pour faire partie du préliminaire mis en tête d'une publication du même auteur, faite récemment sous le titre de PRINCIPAUX ÉDIFICES DE LA VILLE DE ROUEN EN 1525, DESSINÉS A CETTE ÉPOQUE SUR LES PLANS D'UN LIVRE MANUSCRIT CONSERVÉ AUX ARCHIVES COMMUNALES DE LA VILLE DE ROUEN, APPELÉ LE LIVRE DES FONTAINES (une des œuvres principales de JACQUES LE LIEUR), REPRODUITS EN FAC-SIMILE, PAR, ETC., publication de luxe, format in-4°, imprimée *seulement à* 120 *exemplaires numérotés,* et par conséquent *promptement épuisée et peu répandue.*

Mais le vif intérêt qu'inspirent partout et en tout temps le nom et les œuvres des personnages qui ont brillé dans les siècles passés et que mérite particulièrement JACQUES LE LIEUR, comme littérateur, poète, magistrat, homme de talents divers, issu d'une famille déjà renommée, et que les biographes ont trop long-temps négligé de mettre en lumière, imposait le devoir de donner une publicité plus grande et plus à la portée de tous à une Notice destinée à tirer de l'oubli et à honorer *une des principales célébrités* normandes au moyen-âge.

C'est pourquoi nous reproduisons ici ce *curieux document biographique* dans le format ordinaire in-8°, mis dans un ordre différent et avec quelques *additions importantes.*

Nous y avons joint *quatre planches* qui représentent 1° *les armes de Le Lieur;* 2° un fac-simile *de son écriture et de sa signature;* 3° une vue *de la maison où il est né et qu'il habitait,* d'après le dessin fait par lui-même; 4° une miniature représentant JACQUES LE LIEUR *offrant à la ville de Rouen son Livre des Fontaines.*

Moulins, imp. de MARTIAL PLACE.

NOTICE HISTORIQUE

SUR LA VIE ET LES ŒUVRES

DE JACQUES LE LIEUR,

POÈTE NORMAND DU XVIᵉ SIÈCLE,

EN SON TEMPS CONSEILLER-ÉCHEVIN DE LA VILLE DE ROUEN,

SECRÉTAIRE ET NOTAIRE DU ROI, ETC.,

PUBLIÉE, POUR LA PREMIÈRE FOIS,

PAR T. DE JOLIMONT,

Ex-ingénieur, membre des Académies de Caen, Dijon, etc.; de la Société des Antiquaires de
la Normandie, de celle d'Émulation de Rouen, de Moulins, etc.; de la
Société des Gens de lettres de Paris, auteur de plusieurs
ouvrages sur les mœurs et les antiquités
du moyen-âge, etc.

1847.

NOTICE HISTORIQUE

SUR LA VIE ET LES ŒUVRES

DE JACQUES LE LIEUR,

POÈTE NORMAND DU XVIᵉ SIÈCLE,

EN SON TEMPS CONSEILLER-ÉCHEVIN DE LA VILLE DE ROUEN,

Secrétaire et notaire du Roi, etc.

———

OURQUOI les hommes qui se sont signalés par d'honorables actions, qui ont bien mérité de leurs compatriotes par des talents ou des services, ne sont-ils pas sûrs de conserver, dans la postérité, un éclatant et durable souvenir de leurs mérites et de leur nom? Pourquoi cet injuste et trop ordinaire oubli de la part de ceux qui ont recueilli les choses bonnes et importantes qu'on leur a léguées, et se sont si peu préoccupés de qui venaient ces choses? Cette triste réflexion, si souvent faite, si souvent exprimée, il n'est pas hors de propos de la répéter à l'occasion de l'honorable citoyen, dont nous essayons, *pour la première fois,* depuis trois siècles, de tracer la biographie ; car nous ne trouvons nulle part, dans les ouvrages même les plus étendus, consacrés à la mémoire des hommes célèbres, nous ne trouvons, disons-nous, aucune mention spéciale, aucun article particulier sur la vie de Jacques Le Lieur ; et si, çà et là, son nom ou celui de quelques-uns de ses ancêtres, se trouve mêlé à quelque narration historique, où cité dans quelques actes de la vie privée, on ne voit là que des documents épars que rien ne relie, difficiles à recueillir, et qui ne sont parvenus à la connaissance que de fort peu de personnes, parce qu'aucun sentiment de reconnaissance ou d'amitié ne les a mis en lumière. Si le hasard n'avait accidentellement révélé les œuvres de Le Lieur à quelques curieux des choses anciennes, à quelques explorateurs des vieux temps, et si notre honorable échevin n'avait pris soin lui-même d'attacher en maint endroit de ses œuvres, ses armes, sa devise et son nom ; si, enfin, dans ces mêmes œuvres, il n'avait souvent parlé de lui, comme par un secret pressentiment de l'ingratitude des hommes, il est probable que sa mémoire n'eût jamais recueilli le tardif hommage que nous lui rendons aujourd'hui.

Il nous a donc été difficile de suppléer, en beaucoup de choses, au silence de l'histoire, et, malgré des recherches assez étendues, cette notice sera nécessairement moins complète qu'elle ne devrait être.

Jacques Le Lieur ne fut pas seulement recommandable par ses propres faits, mais encore par le reflet brillant de ceux de ses ancêtres : sa famille qui remonte à un temps fort reculé, n'apparaît pas sans illustration à plusieurs époques des annales normandes. Commençons donc par un rapide coup-d'œil rétrospectif sur sa famille, et pour toute la partie historico—généalogique de notre notice, nous ne pouvons mieux faire que de transcrire ici presque *littéralement*, les documents que nous devons à l'active complaisance de M. Barabé, comme conservateur des Archives départementales, et, plus encore, comme dépositaire aussi des Archives des anciens Tabellions de Rouen. Il pouvait mieux que personne nous renseigner dans ce travail, et nous fournir des notes utiles, puisées ou vérifiées sur les pièces originales (1).

Le premier des ancêtres de notre JACQUES LE LIEUR, que l'on trouve mentionné, est Louis Le Lieur, qui fut inhumé en l'an 1275, en la chapelle de Notre-Dame, derrière le chœur de l'église conventuelle de Saint-Ouen (2).

En 1290, un certain Robert Le Lieur, un des pairs ou conseillers de la ville, fut injustement excommunié par les chanoines de la Cathédrale de Rouen, ainsi que le maire et les autres pairs, pour avoir, disaient ceux-là, attenté à leurs biens et à leurs droits, etc. (3).

De 1357 à 1358, figure dans le *Catologue des Maires de Rouen*, un Jacques Le Lieur qui plus tard, en 1360, est mentionné dans la liste des capitaines des châteaux de Rouen, qualification qu'il conserve dans un acte de vente du

---

(1) A cette occasion, M. Barabé a dressé un tableau généalogique de la famille Le Lieur : travail fort précis et très clairement disposé, dont il a fait offrande à la ville de Rouen.

(2) Farin, t. II, p. 6.

(3) Voir les détails de ce fait curieux et les pièces justificatives, dans les Archives départementales et dans l'hist. de Rouen pendant l'époque communale, Chéruel, t. 1er, p. 181 à 191.

5 avril 1364, où il contracte conjointement avec Agnés, sa femme (1). Il était déjà, en 1358, maître des Eaux et Forêts, et fut fait, la même année, chevalier, par Charles, régent de France, duc de Normandie, fils du roi Jean II, qui fut prisonnier des Anglais à la malheureuse affaire de Poitiers.

Les services que ce mémorable citoyen rendit à l'État, soit dans la paix, soit dans la guerre, en assistant son prince de sa fortune et de sa personne, lui valurent la confirmation de sa noblesse, en 1364, l'année même où Charles V parvint au trône. Cette confirmation de noblesse était de bonne justice ; car, indépendamment de sa belle conduite comme commandant du fort Sainte-Catherine, qui lui avait été confié, et qu'il avait défendu contre les Anglais, il avait acquis de nouveaux droits à la reconnaissance de son pays, en allant, la même année, à la tête de dix mille bourgeois volontaires qui l'avaient choisi pour chef, attaquer le fort de Rolleboise, et coopérer, avec le preux Bertrand du Guesclin et ses chevaliers, à la reddition de cette place, suivie de près de celle de Mantes et de Meulan : résultat fort important, qui rétablissait la liberté des relations entre Rouen et Paris (2).

---

(1) Archives des Tabellions de Rouen.

(2)   De Rouen la cité issi moult bonne gent ,
      Et bien X. M. selon mon essient.
      Par devant Rolboise, etc.

(Chronique de Bertrand du Guesclin, par Cuvelier, trouvère du dix-neuvième siècle, publiée pour la première fois par E. Charrière ; Paris, Didot, 1839.)

« A donc avait à Meulanc, à Mante et à Roleboise, qui toutes sont sur la rivière de Saine ; grant planté d'Engloiz et Navarroiz, comme dict est, qui trop greuaient le païs tant par terre comme par eaüe.......... Ceux de Rouen qui leur capitaine avaient esleu et faict d'un riche bourgeois de la ville, nommé Jacques Le Lieur, qui moult gentement se maintint, tant que d'eux était moult amez : yssirent de la dicte ville en la compagnie de leur capitaine et vindrent asseigier Roleboise du côté devers Saine............ et moult bien il se porta le commun de Rouen à cet assault qui moult fu grand..... puis s'en allérent ceux de Rouen chacun en sa maison, etc. »

(Histoire de Messire Bertrand du Guesclin, par Claude Menard ; Paris, 1618. Cramoisy, p. 82.)

Le capitaine Le Lieur, qui fut aussi maire de Rouen,
comme nous venons de le dire, ne jouit pas long-temps de son
triomphe; il meurt en 1366, et est inhumé dans l'église
des Cordeliers, sous le crucifix (1). Non moins habile
administrateur que vaillant soldat, il s'occupa, dans les temps
d'ordre et de paix, d'utiles réformes; on lui doit plusieurs
lois et réglements relatifs à diverses industries et au commerce
de Rouen (2).

Au nombre de ses successeurs, qui héritèrent, sans doute,
de son courage et de ses vertus, comme ils héritèrent de sa
noblesse, nous voyons seulement cité un Jacques Le Lieur,
dans l'acte de composition de la ville de Rouen avec les
Anglais, le 13 janvier 1418, acte passé entre Henri V, roi
d'Angleterre, et les Commissaires nommés pour les bourgeois;
puis, en cette même année 1418, mourut un Vincent Le
Lieur, moine de St-Ouen, abbé de St-Pierre-des-Préaux,
dont la tombe se voyait sur le pavé de l'église St-Ouen,

(1) Sur sa tombe on lisait l'inscription suivante :

HIC JACOBUS HABET TUMULATA LIGARIUS OSSA
QUONDAM A LILIGERO PRINCIPE FACTUS EQUES
VIDIT ET HUNC NAYAS GENERALEM ET SYLVA MAGISTRUM
MAJOR ROTHOMAGI DUCTOR ET URBIS ERAT
INSUPER ASTANTEM MONTANÆ COSTIDIS ARCEM
RECTOR IN HOSTILES MUNIIT IPSE MANUS
SEXAGINTA DABANT ANNOS SUB MILLE TRICENTOS
ET SEX CUM TANTUM MORS TULIT ATRA VIRUM.

Qu'on peut traduire ainsi:

Ci-gît JACQUES LE LIEUR, fait chevalier par le Roi, maître-général des eaux
et forêts, gouverneur du fort Sainte-Catherine qu'il répara, et maire de Rouen.
Cet homme recommandable mourut en l'an 1366. — Farin, t. III, p. 267.

(2) Chéruel, *Histoire de la commune de Rouen*, t. II. p. 263.

chapelle Sainte-Cécile (1); les autres nous sont inconnus jusqu'en 1476.

Alors apparaît Robert Le Lieur, qualifié de noble homme, avocat du Roi au Bailliage de Rouen, et Jacques et Roger Le Lieur, ses deux frères, dont il est l'aîné. De ceux-ci, Jacques épousa Colette Le Cornu, sœur de Jean Le Cornu, docteur en droit civil et canon, archidiacre du Vexin français, qui, en considération de l'amitié qu'il avait prise pour son beau-frère, lui donna et céda le fief *du Bosc-Bénard*, commune sise près le Bourgtheroulde, suivant acte passé devant les tabellions de Rouen, le 25 avril 1482, dans lequel ce même Jacques est qualifié de conseiller en la ville de Rouen (2). Cette seigneurie du *Bosc-Bénard*, demi-fief de Haubert, avait été acquise par Robert Le Cornu, père de l'archidiacre, pour la somme de 346 écus d'or (courant alors l'écu au prix de 30 sols 7 deniers tournois), par contrat du 6 octobre 1464 (3), et est le même dont JACQUES LE LIEUR, de qui nous traçons ici la biographie, prit le titre plus tard, après en avoir hérité comme neveu.

Il appert de plusieurs actes écrits, que ce Jacques Le Lieur, époux de Colette Le Cornu, fit à l'église de sa paroisse (Saint-Martin-du-Pont), à Rouen, plusieurs dons pieux, entre autres : *un calice d'argent doré, deux casubles fournis d'aubes, amys et parements, un missel escript de la main, et des rentes constituées en 1491 et 1496, pour le salut et le remède de son ame, et de celle de ses*

(1) *Itinéraire de Rouen*, Lefèvre, 1848.
(2) Archives des Tabellions de Rouen.
(3) *Idem.*

amis vivans et trépassés (1). — Ledit époux de Colette Le Cornu mourut sans postérité, en 1502.

Roger Le Lieur, le cadet, peut-être avec peu de fortune, paraît avoir dérogé, puisqu'on le trouve, dans un acte de lots de 1503, désigné comme marchand, en son vivant, à Paris. Tout ce qu'on sait de lui, c'est qu'il eut sept enfants : Pierre, Jacques, Jehan, Mathieu, Robert, Rogier et Germain, la plupart cités à différentes époques, avec divers titres et qualifications ; il serait superflu de nous en occuper.

Mais Robert Le Lieur, l'aîné des deux frères dont nous venons de parler, noble homme, avocat du Roi au bailliage de Rouen, après avoir fourni une carrière honorable comme magistrat et comme citoyen, mourut le 16 décembre 1501, avec le titre de conseiller du roi et de son premier avocat en Normandie, laissant, pour veuve, Jehanne Bonté, dame de Bresmetot, et, de son mariage avec elle, deux fils, dont l'aîné était le Jacques Le Lieur dont nous avons particulièrement à nous occuper dans cette notice, désigné d'abord par le seul titre de seigneur de Sidetot. Mais, après 1502, lorsqu'il eut hérité de son père Robert et de son oncle Jacques, mort sans enfants, il s'intitule sieur de Bresmetot et du Bosc-Benard-Commin, secrétaire et notaire du roi. Il figure comme conseiller de ville, échevin, dès 1517 ; on le trouve encore, avec la même qualité, en 1518, en 1520, en 1524, en 1526, en 1541 ; et, en 1542, en l'absence du bailli et du lieutenant, il fut obligé de présider l'assemblée générale de la ville.

---

(1) Archives des Tabellions de Rouen, et pièces de la fabrique de l'église Saint-Martin-du-Pont. (Archives départementales), etc.

Il avait épousé demoiselle Jehanne Osmont, dont il eut deux enfants : François Le Lieur, chanoine de Rouen, et Antoine Le Lieur, sans doute l'aîné, qualifié, dans un acte de 1571, de seigneur de Bresmetot du Bosc-Benard, et, de plus, d'Ouville l'Abbaye, et qui, selon Farin, fut élu député pour la noblesse, aux États de Normandie, le 14 novembre 1550. Enfin, un acte du 12 août 1571 nous révelle que ce dernier eut une fille qui fut mariée à noble homme François de Pardieu, baron de Balingen et sieur de Bondeville (1).

Quoique nous n'ayons pas la date précise de la mort de JACQUES LE LIEUR, il est probable qu'elle eut lieu vers 1550. Car, dans une sentence rendue à la vicomté de Rouen, en février 1550, un de ses fils, le chanoine, agissant de concert avec les trésoriers de l'église Saint-Martin-du-Pont, se dit fils et *héritier* pour une part, de maître JACQUES LE LIEUR (2).

Là se borne tout ce qu'il a été possible de recueillir sur la généalogie de notre honorable Rouennais, sur ses ascendants et ses descendants. Depuis le XIIIe siècle jusqu'à la moitié du XVIIe, époque où nous perdons à peu près la trace de la famille, soit parce qu'elle s'est insensiblement éteinte, soit parce qu'elle a changé de localité, et qu'il faudrait chercher ailleurs ce qui, du reste, dépasserait inutilement les limites que doit avoir cette notice, consacrée seulement au principal personnage pour nous.

Personnage honorable, disons-nous, par sa famille, que

(1) Farin cite un Robert de Pardieu, Chevalier, sieur de Bouteville et de Montebourg, mort en 1478, inhumé avec Anne Du Sel, sa femme, dans un tombeau, en l'église du prieuré d'Ouville, t. II, p. 515.

(2) Pièces de la fabrique de l'église de Saint-Martin-du-Pont. (Archives départementales.)

nous avons vue, dans le principe, légitimement anoblie pour ses loyaux et réels services, noblesse de bon aloi, plusieurs fois, depuis, confirmée ; honorable par ses qualités personnelles, par la justice et la droiture de son cœur, si bien exprimées en la devise qu'il avait adoptée et à laquelle il fut toujours fidèle : DU BIEN LE BIEN ; honorable par les fonctions qui lui furent confiées, fonctions si difficiles en ces temps, que, suivant l'expression d'un de nos historiens (1), les magistrats qui les exerçaient, méritaient le titre de *véritables pères de la patrie* ; honorable enfin par ses connaissances, son esprit et ses talents dont il fait preuve dans ses œuvres ; œuvres de plusieurs sortes dans lesquelles il s'est montré à la fois habile calligraphe, historien précis, géomètre exact, dessinateur habile pour son temps, il fut encore poète et bel esprit. Il remporta plus d'une palme dans ces jeux à la fois pieux et littéraires, précurseurs de nos académies, et qu'on appelait les Palinods ou Puys, établis en l'honneur de la Vierge, principalement à Rouen , et dans quelques Églises de Normandie (2). Mais, sur ce point, comme sur tout le reste, malgré son incontestable mérite, les biographes ont pris peu de soin de sa renommée. L'un, comme La Croix du Maine, le désigne sous le nom défiguré de Le Lièvre, et ne lui accorde, pour tout bagage poétique, qu'un seul chant royal : double erreur, qui a été rectifiée par Lamonaye. Un second, l'abbé Gouget, dans sa Bibliothèque française, t. II, p. 352, après avoir parlé des œuvres d'un autre poète, qui sont perdues, ajoute avec un superbe dédain : « Celles de Jacques

____

(1) Farin, t. I. p. 161.
(2) Voy. Farin, t. II, p. 112, édit. de 1710 ; la notice de M. Ballin, dans le mémoire de l'Académie de Rouen, 1834, etc., publiée à part sous le titre de *Notice historique sur les Palinods*, N. Periaux, 1834.

» Le Lieur ont eu le même sort, et, sans doute, on s'en
» consolera sans peine. » Les autres ou n'ont pas jugé à
propos d'en parler, ou ne l'ont même pas connu.

Un seul cependant, J. Bouchet, d'Orléans, auteur contem-
porain, procureur faute de fortune, mais poète par nature et
par goût, fort apprécié de son temps, nous a laissé, dans ses
Épîtres familières, quelques fragments de correspondance
littéraire entre lui et notre JACQUES LE LIEUR, dans laquelle
tous deux font échange de courtoisie et d'estime réciproques.
Bouchet remercie d'abord celui-ci, en termes fort gracieux,
de l'envoi qu'il avait reçu de trois chants royaux, trois
ballades et trois rondeaux.

Graces te rens (dit-il) o poete sacré...
Du grand honneur que tu mas emparti
Quand de tes fluers un peu mas départi
Que jai reçu de la main non point rude
Dun tien amy lequel vacque a lestude
En celle ville ou il est escolier
Et ma montré sa lettre de créance
Pour minciter de faire pourveance.
Dun chant royal de mon style petit
Je ne sauroy par quelconque moleste
De mon esprit de ton style approcher
Ne si les cieux en matière toucher
Comme tu as, et comme ont au semblable
Deux après toi de savoir admirable
Ce sont messieurs Thibault (1) Crignon (2) aussi
Grands orateurs voire parfaits sans si, etc.

(Epître 98.)

(1) Le comte Thibault, disent d'anciennes chroniques, *fit les plus belles, les
plus délitables et mélodieuses chansons qui furent oncques oyes.*
(2) Poète français, né à Dieppe, remporta plusieurs prix de poésie.

On voit par ces vers de Bouchet, que Le Lieur l'avait invité à composer un chant royal pour les Palinods de Rouen, et que celui-là refuse avec beaucoup de modestie. Le Lieur (*Epitre* 99) insiste et lui dit :

. . . .

Vrai est que bien autant avois deuvie
Que tant d'honneur tu feisses aux suppots
Nobles primats qui tiennent puy sans pots
Pour Notre-Dame en la maison des Carmes
C'est qu'il te pleust d'Orléans envoyer
Jusqua Rouen oeuvre sans convoyer, etc.

Il termine en disant qu'il ne perd pas tout espoir, et qu'avant la fin du concours, il enverra encore vers Bouchet pour l'inviter à faire quelque chose pour le Puy de Rouen.

Mais Bouchet est inflexible, et continue ainsi (*Épitre* 113) d'opposer un refus constant à la supplique de son ami :

Quand jai vu de tes vers la copie
Non procédant de garruleuse pie
Mais dorateur et poete parfaict
Semblablement ce que Marot a faict
Aussi Macault (1) du Roy le secrétaire
Jai proposé doresnavant me taire.

Il ajoute plus loin :

Je vouldrois bien que Dieu meust fait la grace
Et donné sens de poursuyvre la trace

______

(1) De Niort en Poitou, notaire et valet de chambre de François Ier, fut un des premiers qui traduisit les anciens poëtes en notre langue.

> De ceulx lesquels comme à Dieu très loyaulx
> Ont composé tant de beaulx chants royaulx
> Tous à l'honneur de la Vierge Marie...
> Se je savais comme on procède au Puys
> Jeusse prins cuer de besoigner et puis
> Eusse envoyé vers toi mon petit oeuvre
> Pour le polir car en tel art mal ieuvre
> Mais trop je suis de la forme ignorant, etc.

On ne peut faire un plus grand honneur à LE LIEUR que de le comparer à *Marot*, à *Macault* et autres célébrités du temps, de l'appeler *orateur* et *poète parfait*, et de dire qu'on lui aurait donné son œuvre à polir.

JACQUES LE LIEUR avait été couronné au Puy tenu en 1518, il fut encore lauréat en 1522; enfin, élu prince des Palinods en 1544; ses œuvres poétiques, heureusement, ne sont pas toutes perdues, comme le prétend l'abbé Gouget, et il en reste assez pour les apprécier favorablement, en ne les jugeant pas, toutefois, sans se reporter au goût, au génie et au langage du temps. Nous en indiquons ici quelques spécimen.

Dans un livre rare, acheté par l'Académie de Rouen, à la vente de M. Licquet, en son vivant conservateur de la bibliothèque de Rouen, intitulé *Palinods, Chantz royaulx, Ballades, etc.*, in-8°, petit format, imprimé par Petrus Vidouens, sans date, mais que l'on croit de 1525 ou environ, et dont nous devons la communication à la complaisance de M. Ballin, archiviste de l'Académie, on trouve un chant royal de JACQUES LE LIEUR, daté de 1522, dont voici la première strophe :

> Ung papillon en plaisir et liesse

Vollait jadis sur maintz arbres tout vers
En un verger ou Flore la déesse
Ses beaulx trésors à chascun temps ouuers
Ce plaisir fust tost changé an revers
Quand il choisit ung pommier pour manger
Quil trouva si veneneux manger
Quen un moment fust perdu e défaict
Mais de ce mal advint bonne adventure
Quant en sortit par ung secret effet
Dun pouvre ver triumphante vesture (1).

Il est probable que ce chant royal est celui qui obtint le Prix en 1522 ; c'est le plus connu ; on le trouve en différents recueils manuscrits du temps, et, sans doute, c'est celui que Lacroix du Maine cite comme le seul ouvrage de Le Lieur.

A la Bibliothèque de Paris, au nombre des manuscrits qui contiennent des poésies palinodiques, il en est un, admirable volume in-fol. en parchemin, orné d'un grand nombre de peintures curieuses, et d'une grande beauté d'exécution. Ce livre, décrit dans le catalogue des manuscrits français de la Bibliothèque du Roi, publié par M. Paulin-Paris, sous le n° 6988, tome 3, page 257, mais dont la provenance n'est point indiquée, paraît avoir été exécuté à Rouen, pour quelque occasion solennelle, ou pour être offert à quelque personnage illustre, de la Bibliothèque duquel il aurait passé dans celle du Roi ; une des miniatures présente, en lointain, une vue générale de Rouen, au milieu de laquelle s'élève la

____

(1) Ce dernier vers, qu'on nomme vers palinodique ou refrain, est constamment répété à la fin de chaque strophe ou couplet. Palinod vient d'un mot grec qui veut dire chant redoublé ou répété. Les Grecs et les Romains avaient des poésies palinodiques.

Cathédrale. Ce volume renferme plusieurs pièces remarquables, présentées ou couronnées aux Puys des Palinods, tenus au couvent des Carmes de Rouen, probablement, comme le suppose M. Paulin-Paris, de 1536 à 1537. On y trouve sept chants royaux de JACQUES LE LIEUR, trois ballades et trois rondeaux, avec sa signature, et sur une des peintures qui accompagnent ces morceaux, on reconnaît l'auteur représenté endormi, et voyant en songe le sujet du reste du tableau.

M. Paulin-Paris donne la liste de tous les refrains palinodiques de chacune de ces poésies, avec leur numéro d'ordre, et ajoute, avec plus de justice que l'abbé Gouget : « Le style de JACQUES LE LIEUR est pur, coloré, harmonieux, » et semble digne des éloges que lui donne Bouchet. »

La bibliothèque publique de la ville de Rouen possède un volume manuscrit (1) qui a reçu quelques outrages du temps, mais n'en est pas moins fort précieux sous plus d'un rapport. Ce livre, de format petit in-12 oblong, en parchemin, est composé de 74 feuillets, dont les douze premiers sont consacrés à un calendrier, et les autres contiennent plus de trente poésies diverses, chants royaux, ballades, sonnets, dévotes oraisons à l'honneur de la Vierge, etc., attribués à JACQUES LE LIEUR ; ce dont on ne saurait douter, si l'on considère que son nom, ses armes et sa devise, sont fréquemment répétés sur les bordures peintes qui encadrent chaque page (2) ; que lui-même est représenté dans deux des

----

(1) Catalogué O N° 36.

(2) Ces bordures sont remarquables par la grande variété de figures grotesques et bouffonnes qui y sont représentées.

huit ou dix miniatures qui ornent encore ce livre, dans l'une, à genoux aux pieds de la Vierge, et, dans l'autre, aux pieds du Christ ; en un mot, si l'on compare ici le style avec celui des autres pièces connues du même auteur.

Il suffirait de ces seules productions pour venger LE LIEUR de l'injurieux oubli dans lequel on l'a laissé. Nous en avons extrait les pièces suivantes :

DIALOGUE

sur la

Conception de la Vierge Marie

entre la

Nature humaine et la Vierge.

—

Nature humaine.

Que direz-vous Vierge pucelle
Quand Gabriel vous saluera
Soubs votre nom enfer chancelle
Par vous sa rigueur périra

Marie.

Ie lui diray quhumble suis celle
De celuy qui te saulvera
Ie suis aussi sa doulce ancelle
Me soit faict ainsi quil dyra

Nature.

Comment qui le concepuera
Ce n'est pas oeuvre naturelle

Quand cecy donc se fera
Que direz-vous Vierge pucelle

Marie.

Le Saint Esprit me gardera
De voluptueuse étincelle
Et lors qui me regardera
Je luy diray qu'humble suis celle

Nature.

Par celui donc qui tout precelle
Vostre doulx fruict benist sera
Et aurez grace supernelle
Quand Gabriel vous saluera.

Marie.

Je porte la blanche mamelle
Qui doulcement le nourrira
Je suis la simple columbelle
De celui qui te saulvera

Nature.

Chascun par la voye publira
Votre pureté maternelle
Et qui ne peult lyre escrira
Soubs votre nom enfer chancelle

Marie.

Qui de bon cueur me servira
Luy garryray sa plaix mortelle
Jamais mon filz ne l'omblyra
Je suis aussi sa doulce ancelle

Nature.

Vous serez enfin ma tutelle
Quand le serpent m'accusera

De vicieuse corruptelle
Par vous sa rigueur périra

Marie.

Quand ma beauté perpétuelle
Mon seul filz dignement verra
Sans avoir tache originelle
Me soit faict ainsi quil dira

Nature.

Que direz vous vierge pucelle
Quand Gabriel vous salura
Soubs votre nom enfer chancelle
Par vous sa rigueur périra

Marie.

Ie lui diray quhumble suis celle
De reluy qui te saulvera
Ie suis aussi sa doulce ancelle
Me soit faict ainsi quil dira

Oraison à Nostre-Dame.

Toute belle dame
Qui de corps et dame
En beauté relups
A bon droit te fame
Car sur toute femme
Triumphes et luys
Ie qui pecheur suys
Et tà court ensuys
Ne me permetz pas

Cumber sans apuys
En l'infernal puys
Aprez mon trespas
Je suis poure et las
Prest d'enchoir es lags
Des vampires maulditz
Que ton fils hélas
Qu'il me doint soulas
En son paradis.

Amen.

Dans une pièce composée de stances faites sur chaque mot latin de l'*Ave, Maria*, pris séparément, au mot *ventrix* on lit :

Ventre possesseur genitif
Gouverneur du fruict substantif
Reçut glorieuse portée
Quand Dieu le perre imperatif
Transmist son filz verbe passif
En vous sans viril conjonctif
Quand joie vous fust apportée
L'angelique voix présentée
Fust en vostre cœur acceptée
En proférant je suis ancelle
Du Seigneur qui m'a regentée
Déité du mont contentée
Print chair humaine et fust entée
En estoc de vierge pucelle.

Enfin nous devons signaler aux curieux un admirable petit volume qui fait partie de la riche collection possédée par

M. Cigogne, agent de change à Paris, qui a bien voulu nous en donner communication et nous laisser prendre des notes avec une complaisance et une affabilité dont nous lui témoignons ici toute notre gratitude.

Ce volume, petit in-8° orné d'une très splendide reliure de Bauzonnet, est écrit sur parchemin, d'une belle calligraphie, composé de trente-cinq feuillets et décoré de vingt-quatre miniatures d'une exécution très soignée ; il contient diverses poésies sur la passion de notre Seigneur. En tête, dans un cartouche d'ornements peint et doré, on voit le portrait de l'auteur, Jacques Le Lieur, vu à mi-corps, et, au-dessous, cette espèce de préface en vers dont les premières lettres forment en acrostiche la signature de Jacques Le Lieur :

> Je vous supply quand lirez en ce liure
> Au quel de Christ la passion vous liure
> Qu'en contemplant considérez le faict
> Soyez au long en pesant liure a liure
> En vostre coeur comment il vous deliure.
> Santé pour mal apprez vostre mesfaict
> Le bon Seigneur qui était Roi des Rois
> En grand douleur pour vous est mort en croix
> Lysez ici donc sa passion
> En prenant gout en grande devotion
> Et apres mort avec les benedicts
> Vous obtiendrez pour retribution
> Régne sans fin lassus en paradis.

Les poésies de Jacques Le Lieur sont toutes empreintes d'un sentiment sévère et mystique, conforme à la gravité de son caractère et de sa personne, et c'est à tort que quelques bibliographes lui ont attribué une pièce libre intitulée : *le Blazon de la cuisse*, qui fait partie des *blasons du corps féminin*, par divers auteurs, imprimés à Lyon en 1536, et à Paris en 1550. Le *Blazon de la cuisse*, qui a été reproduit dans les *Blasons et Poésies anciennes*, remis en lumière par A. Méon, en 1807, doit être de Pierre Le Lieur qui remporta le premier prix donné aux Palinods tenus au Carmes de Rouen, en 1515.

Après avoir fait connaître, un peu succinctement sans doute, les œuvres poétiques du spirituel Échevin rouennais, il nous reste à mettre en lumière un autre travail d'un genre différent, mais, selon nous, fort important et d'une haute curiosité, qui révèle dans son auteur des capacités de plus d'une espèce, et mérite, sous plus d'un rapport, d'être tiré de l'obscurité où il est resté depuis si long-temps. Nous voulons parler du livre manuscrit appelé *le Livre des Fontaines*, et conservé dans les archives communales de la ville de Rouen. Ce livre fut exécuté par les soins et aux frais de LE LIEUR, et généreusement offert à la ville par lui-même, alors conseiller-échevin en 1525.

Les Conseillers, ses confrères, pour marquer toute l'estime qu'ils firent d'un présent si magnifique, eurent grand soin de le renfermer dans un coffret aux armes du donateur, et de faire fixer ce coffret à la table ou au pupitre de la salle des Assemblées, comme c'était encore l'usage pour les manuscrits précieux, par une chaîne et un cadenas d'argent, d'où ce livre reçut pendant long-temps le nom de : *le Livre enchaîné.*

Ce n'était pas alors seulement un objet de luxe et de

curiosité remarquable, mais encore un monument important d'utilité publique, destiné à conserver le souvenir et à indiquer l'origine, les sources et le cours souterrain des anciennes et nouvelles fontaines ; objet devenu même indispensable dans ce temps, qu'on pouvait aussi appeler un temps de *progrès* ; car la fin du xv⁰ siècle et la plus grande partie du xvi⁰, furent, pour la ville de Rouen, une époque de grandeur et de prospérité, signalé par de nombreux embellissements, de somptueuses constructions et d'utiles établissements, dus, sans doute, d'abord à cet élan de rénovation générale et de mouvement qui, comme aujourd'hui, surgissait de toutes parts, mais non moins aussi à la généreuse et bienveillante sollicitude de l'illustre prélat qui occupait alors le siége métropolitain, Georges d'Amboise, dont on doit garder juste et bonne mémoire tant qu'il restera un peu de reconnaissance au cœur, surtout des Normands et des Rouennais.

Ainsi, la ville de Rouen, successivement et considérablement accrue en territoire, en population, en industrie, eut besoin de nouvelles fontaines et d'une distribution d'eaux potables, plus ample et plus proportionnée aux nécessités générales. Ce fut aussi à quoi les magistrats donnèrent les soins les plus actifs, et le cardinal-archevêque, ministre d'État, favori du Roi, puissant et riche, protecteur de la ville et de la province, s'associa grandement à cette œuvre de philanthropie par son influence et ses *largesses*. On dut donc à ce noble patriotisme le plus grand nombre et les plus somptueuses fontaines qui vivifièrent et embellirent les divers quartiers de la ville et desquelles peu de vestiges seulement, quant à la structure du moins, sont parvenus jusqu'à nous.

Mais cette augmentation des fontaines, dont plusieurs provenaient de nouvelles sources, avait considérablement multiplié les canaux souterrains, les regards, les prises d'eau, etc., et devait exiger, dès-lors, des plans et des renseignements permanents pour diriger sûrement la surveillance, ainsi que les réparations et les travaux qui pouvaient survenir. Toutefois, soit que la ville fût engagée dans d'autres dépenses qui absorbaient ses revenus, soit qu'elle eût négligé de s'occuper de cette monographie indispensable de ses fontaines, JACQUES LE LIEUR, un des magistrats municipaux, sans doute bien en cour, en faveur auprès du tout-puissant prélat, prit l'initiative, et voulut aussi, pour son compte, faire acte de générosité, et produire, dans ce recueil, un monument durable de son zèle et de son patriotisme; en même temps, peut-être, rendre un hommage délicat à l'illustre personnage qui avait la plus grande part dans le bienfait des fontaines.

Pendant une longue suite d'années, le *Livre des Fontaines*, conservé avec un soin religieux et consulté dans l'occasion, fut considéré comme un des principaux trésors des Archives municipales; mais lorsque l'usage, chaque jour plus répandu de l'imprimerie, eut permis de publier, dans différents ouvrages sur l'histoire de Rouen, les documents que ce manuscrit contenait; lorsque la marche et les mutations successives des choses nécessitèrent peut-être de nouveaux plans, plus corrects ou plus complets, ce livre, devenu moins utile, fut à peu près négligé, presqu'oublié, sa conservation moins surveillée; il perdit sa chaîne et son cadenas; les vers minèrent la reliure; malgré le coffret conservateur, et cet objet de tant d'estime et de soins, portait, naguère encore, de trop visibles stigmates des effets destructeurs du temps et de l'inconstance des affections humaines.

Il appartenait à notre époque d'investigations archéologiques, plus sévères et plus étendues qu'en aucune autre, de découvrir, dans cette vieille œuvre de notre honorable échevin, un mérite plus réel et plus incontestable peut-être pour nous; que tous ceux qu'on lui avait attribués jusqu'alors. C'est qu'indépendamment du tracé géométrique du cours souterrain des fontaines, le dessinateur a pris soin de reproduire en élévation (1), non-seulement la structure fort remarquable de chaque fontaine, mais encore l'aspect d'un très grand nombre de *monuments militaires, religieux* ou *civils*, qui se trouvaient élevés sur le parcours des canaux souterrains, et même jusqu'aux maisons qui bordaient les rues sous lesquelles passaient ces canaux; il avait de plus, pour compléter cette curieuse topographie, placé en tête du manuscrit *une vue générale et panoramatique de la ville*, prise de la rive gauche de la Seine, *vue peinte et coloriée*, exécutée sur une grande échelle, et dont l'ensemble et les détails sont du plus haut intérêt ; de telle sorte que les plans du Livre des Fontaines nous ont conservé jusqu'à *aujourd'hui l'aspect monumental* de la ville de Rouen à la fin du xve siècle et au commencement du xvie, c'est-à-dire il y a plus de *trois cents ans*

Assurément il y a peu de villes, si toutefois il y en a, qui possèdent un recueil de ce genre, d'une aussi haute importance, aussi fertile en documents en quelque sorte palpables et que ne peuvent aussi utilement fournir aucunes narrations écrites :

_____

(1) Dite à vol d'oiseau ou en perspective cavalière

témoignages du temps, si propres à éclaircir sur la localité les points douteux ou peu connus, tableaux qui nous reportent presqu'en réalité dans cette vieille cité, à un âge déjà si loin de nous. Sans doute ces dessins sont d'une exécution grossière et plus que négligée, les détails peu ou mal écrits, il y a souvent faute d'aplomb et de perspective ; mais on y trouve un cachet de naïveté et d'exactitude générale qu'on ne peut contester ; l'imagination, même la moins exercée, peut facilement suppléer à ce qui manque, et, à l'aide de ces croquis légèrement tracés, mais non sans vérité, on se plaît à reconstruire la ville du xve siècle.

Lorsqu'il y a quelques années, le goût des antiquités nationales commença à se propager à Rouen, lorsqu'on eut fait les premiers pas dans un champ si fertile et si peu exploré, et qu'on eut appris qu'on ne peut bien s'instruire de l'histoire d'un peuple, d'un siècle, d'une époque, de notre moyen-âge enfin, que dans les œuvres mêmes de ce siècle, de cette époque, de ce moyen-âge, la nouvelle valeur archéologique et le nouvel intérêt qui s'attachaient au Livre des Fontaines, n'échappèrent point à quelques véritables antiquaires qui, les premiers, rappelèrent l'attention sur ce livre et en signalèrent l'importance sous cet autre point de vue ; mais, si on le visitait avec plaisir et curiosité, on dut bientôt s'affliger de la rapidité avec laquelle s'étaient altérées et s'altéraient tous les jours les portions précisément les plus précieuses, celles qui reproduisent *les monuments*, et dont le trait et la couleur, succombant à l'action de l'air, du frottement et du pliage multiplié des longues feuilles doivent graduellement, dans un temps plus ou moins limité, disparaître entièrement de la surface du parchemin.

On dut s'occuper des moyens de conservation possibles :
l'Autorité, l'Académie des Sciences, Belles-Lettres et
Arts ouvrirent, à cette occasion, plusieurs conférences qui,
par des causes involontaires sans doute, restèrent sans
résultat. Il doit exister encore, dans les cartons de l'Académie,
plusieurs pièces et correspondances sur ce sujet ; une lettre,
entre autres, adressée par *nous-même* à M. Emmanuel
Gaillard, membre de l'Académie, qui, sur la connaissance
qu'il avait eue de quelques essais faits par nous, et assez
heureusement réussis, de restaurations ou de reproductions
des peintures des anciens manuscrits, avait bien voulu nous
demander quelques renseignements sur les moyens d'atteindre
le but désiré.

Enfin, M. de la Quérière, membre aussi de l'Académie,
dont on connaît l'excellent ouvrage sur les anciennes *maisons
de Rouen*, et les nombreux opuscules consciencieusement
écrits sur divers sujets curieux, dans une notice très étendue,
publiée par lui en 1834, sur notre manuscrit des Fontaines,
s'exprime ainsi :

« Les plans qui s'y rattachent (au manuscrit des Fontaines)
» ont souffert et présentent quelques ruptures ; la reliure
» elle-même, ainsi que l'étui en bois dans lequel le manuscrit
» est enfermé..... appellent une consolidation indispensable à
» leur existence. Nous ne doutons pas que nos administrateurs
» municipaux ne veillent toujours sur ce trésor comme leurs
» devanciers l'ont fait.

» Pour le temps présent, nous avons un garant de cette
» vigilance dans la personne de M. Beauvet (1), par les soins

____

(1) Décédé en 1841.

» de qui les Archives de la ville sont sorties du chaos, et ont
» été mises en ordre après un travail long et pénible de
» plusieurs années. Qu'il veuille bien recevoir ici les remer-
»ciements que nous lui adressons avec plaisir.

» Pour le temps à venir, la conservation de ce précieux
» manuscrit sera due à M. Henry Barbet, maire actuel de
» Rouen, s'il réalise, comme nous nous plaisons à le croire,
» *son intention d'en faire faire une copie* dans le but de
» ménager l'original ; ce sera un titre de plus que le premier
» de nos concitoyens acquerra à notre reconnaissance, et qui
» lui méritera en même temps les éloges de tous les amis des
» arts (1). »

Une partie de ces vœux a été d'abord réalisée ; une reliure
nouvelle a été donnée au Livre des Fontaines, et M. H.
Barbet qui, dans le cours de son administration, a plus
d'une fois donné des preuves de sa sollicitude éclairée
pour la science et les arts (2), a, tout récemment,

---

(1) NOTICE SUR UN ANCIEN MANUSCRIT relatif aux cours des fontaines de la
ville de Rouen, par E. de la Quérière, de la Société royale des Antiquaires de
France, etc. Petit in-8° de 30 pages ; 1834. — Rouen, Frère ; Paris, Techner.
— Page 13.

Cette Notice, accompagnée d'une gravure fort spirituellement gravée par
M. André Pottier, représentant les armes et la devise de J. Le Lieur, et une
miniature du manuscrit, est très détaillée et doit être consultée par tous ceux
qui voudront avoir une connaissance étendue du Livre des Fontaines.

(2) Nous devons ajouter ici, en exprimant, comme compatriote et comme
archéologue, notre reconnaissance individuelle, quelques-uns des faits qui
sont les principaux titres de M. Henry Barbet aux remerciments des amateurs
des arts, surtout en ce qui concerne les richesses bibliographiques ; telles sont
les acquisitions nouvelles faites pour la Bibliothèque, savoir : le beau Missel
imprimé par Martin Morin, en 1499 ; les Chroniques de Normandie, imprimées
en 1487, exemplaire très rare, achetés 500 francs chacun à la vente de l'abbé
Barré ; un manuscrit avec peintures, contenant la relation en vers de l'entrée
de Henri II à Rouen ; la Bibliothèque si importante et si connue de M. Leber, etc.

Ce n'est pas par des phrases élogieuses plus ou moins banales que l'on doit,
selon nous, rendre hommage aux mérites d'un administrateur ; c'est en citant
des faits.

autorisé la restauration, aux frais de la ville, de la grande page représentant la Vue générale de Rouen dont nous avons parlé ci-dessus, restauration qui nous a été confiée, et dont la réussite a été telle, nous pouvons le dire avec une sorte d'orgueil, que nous la regardons comme ce qu'on peut faire de plus important en travaux de ce genre (1).

Déjà, sans doute, on avait beaucoup fait, mais ce n'était pas tout : la portion la plus étendue et la plus intéressante du Livre des Fontaines ne pouvait être restaurée sans un travail et une dépense considérables; peut-être même inutiles, puisque l'action du pliage multiplié et obligé des feuilles, cause première de destruction, eût été la même; une copie entière de ces immenses plans, également fort dispendieuse, eût été aussi d'une utilité contestable, puisque *la partie monumentale* de ces plans est *la seule* aujourd'hui *digne de remarque*, et dont la *perte* serait justement regrettée. Il nous a donc paru que c'était cette *seule* partie qu'il suffisait

(1) Nous croyons pouvoir, autant comme document historique que pour notre satisfaction personnelle, transcrire ici le certificat honorable qui nous a été remis en cette occasion :

« Je certifie que M. T. de Jolimont a restauré la grande Vue générale de Rouen, extraite du manuscrit du XVIᵉ siècle, appelé le *Manuscrit des Fontaines*, et qu'il a réussi au-delà de toutes nos espérances dans l'accomplissement de ce long et difficile travail. Cette peinture était dans un état déplorable, effacée par le temps dans un grand nombre d'endroits, coupée et noircie par les plis nombreux qu'avait nécessité son introduction dans le manuscrit dont elle faisait partie. Tachée par de larges maculatures, cette belle page était menacée d'une prochaine destruction; M. de Jolimont a su lui rendre toute sa valeur, et ses restaurations ont été si habiles, que l'œil le plus exercé ne saurait les apercevoir, et que ce monument, précieux pour la ville de Rouen, a conservé toute son exactitude et tout son caractère primitif. »

Signé RICHARD, Conservateur des Archives.
Légalisé par le Maire, etc.

Ce n'est pas la seule attestation de ce genre qui nous ai été accordée pour des travaux analogues.

de reproduire, en la divisant sur autant de feuillets détachés qu'il y a d'édifices à reproduire, pour en former une sorte d'album ou recueil, et conserver ainsi, au moins, un souvenir de ce monument historique.

L'administration municipale, naturellement économe des deniers publics, et pour plusieurs autres bonnes raisons peut-être, n'a pas dû prendre elle-même le soin de ce genre de reproduction ; mais, avec son assentiment et avec la certitude que nous ferions une œuvre nécessaire, nous n'avons pas balancé, malgré nos faibles ressources personnelles, à nous charger de cette entreprise, pour laquelle nous avons trouvé, de la part de nos compatriotes, sympathie et encouragement.

M. le Préfet de la Seine–Inférieure a bien voulu nous autoriser à recueillir et vérifier, dans les Archives départementales, les matériaux nécessaires à la rédaction des Notices jointes aux dessins, et nous devons beaucoup à la complaisance particulière de MM. Barabé, conservateur desdites Archives, et Ch. Richard, conservateur des Archives communales, qui, tous deux, ont bien voulu nous aider dans nos recherches, et nous fournir des notes et des renseignements utiles.

Nos dessins sont la reproduction fidèle et dans toute la naïveté d'exécution de l'origininal (1), non de *tous* les édifices remarquables qui pouvaient exister alors dans la ville de Rouen, mais seulement de *ceux* qui se trouvent placés (comme accessoires) sur *le parcours souterrain* des canaux des fontaines, qui était l'objet principal de l'œuvre de LE LIEUR.

---

(1) On ne nous reprochera pas quelques rares et légères corrections de manque d'aplomb ou de perspective que nous avons crues indispensables, et qui n'altèrent en rien le caractère primitif de l'original.

Ces monuments, disposés sur les plans du Livre des Fontaines à leur place corrélative, sont reproduits isolément dans notre publication, sans autre classification que celle qui semble naître de leur nature différente. Ainsi, les monuments militaires d'abord, les monuments religieux et les monuments civils ensuite, sont l'ordre que nous avons suivi en les passant successivement en revue comme dans une sorte de promenade, telle qu'on aurait pu la faire sur le terrain même.

Par ces raisons, les notices n'offrent pas non plus un ensemble complet ou régulier sur l'histoire monumentale de Rouen, mais seulement des documents curieux et succincts sur l'origine, les mutations et les faits principaux relatifs à chaque monuments représenté, sorte de statistique abrégée, applicable au monument seul, mais suffisante au but que nous nous sommes proposé.

Cette publication, faite à Rouen en 1845, a pour titre : LES PRINCIPAUX ÉDIFICES DE LA VILLE DE ROUEN EN 1525, *dessinés à cette époque sur les plans d'un livre manuscrit, conservé aux Archives de la ville, appelé* LE LIVRE DES FONTAINES, *reproduits en fac-simile,* etc., 1 vol. in-4° jésus de 150 p. de texte, orné d'initiales et culs-de-lampes imités de ceux du manuscrit original et de 50 planches fac-simile, offrant les armes de l'auteur, un fac-simile de son écriture et de sa signature, une vue faite par lui-même de la maison où il est né et qu'il habitait; une miniature où l'auteur est représenté offrant son livre au corps municipal assemblé dans une salle de l'Hôtel-de-Ville, et enfin plus de 80 édifices divers représentés sur les plans dudit manuscrit original, publication entièrement exécutée à Rouen dans les ateliers typographiques de M. Péron, successeur de M. Nicétas Périaux, et tirées seulement à 120 exemplaires numérotés, papier ordinaire et six exemplaires, dits *uniques*, imprimés en *caractères pourpre, d'azur*, etc., sur fonds *d'or, d'argent, rose, céladon*, etc.; plus, un septième réunissant en lui seul et par parties les couleurs des six exemplaires ci-dessus.

Les soins apportés à cette publication, le petit nombre d'exemplaires et la richesse inusitée des sept exemplaires uniques en font un objet de librairie de haute curiosité (1).

Le manuscrit original du *Livre des Fontaines*, un des objets sans contredit les précieux des Archives de la ville de Rouen, mérite ici une description particulière et la mention des faits intéressants qui ont rapport à cette œuvre.

Le manuscrit des Fontaines, exécuté sur vélin, format in-4°, de 34 cent. sur 24, est composé de deux parties distinctes : le texte et les plans.

Le texte, d'une belle écriture cursive de la fin du xve siècle, est de la main même de JACQUES LE LIEUR, dont on

---

(1) MM. les principaux libraires de Rouen et de la Capitale se sont empressés de souscrire chacun pour plusieurs exemplaires à cette publication, qui a été promptement épuisée. (M. le Brument, libraire à Rouen, a souscrit, à lui seul, pour 60 exemplaires).

L'exemplaire imprimé en caractère d'azur sur fond d'argent, avec ornements dorés et peints à la main, au prix de 300 fr., a été offert au ROI par l'auteur, qui a reçu de Sa Majesté en récompense une médaille d'or de 500 francs.

Un exemplaire en caractère pourpre, sur fond d'or, au prix de 300 francs, a été acquis par M. Techner, libraire à Paris.

Celui en caractère noir, sur fond d'or, du prix de 200 francs, a été acquis par M. le Brument, libraire à Rouen.

Celui sur fond rose, du prix de 150, a été acquis par M. Henri Barbet, maire de Rouen.

Celui sur fond céladon, au prix de 150, a été acquis par M. Dumoulin, libraire à Paris.

Enfin le septième exemplaire, celui qui réunit à lui seul les couleurs des six autres, a été offert par l'auteur et l'imprimeur au conseil municipal de la ville de Rouen, et déposé à la bibliothèque publique.

voit la signature et le paraphe à la fin de chaque cahier (1). Ces cahiers sont au nombre de trois, relatifs aux trois sources principales qui alimentent les fontaines de Rouen ; chacun est orné, d'abord des armes de l'auteur avec supports à figures, de sa devise, si honorable et si philanthropique : DU BIEN LE BIEN, et, sur plusieurs pages, de lettres initiales et bordures, le tout peint et doré dans le goût des manuscrits du temps, avec beaucoup de soin et de finesse (2) ; les marges sont larges, le vélin a encore toute sa blancheur et son poli, et la conservation générale est parfaite.

Le premier cahier commence par une sorte de préliminaire de quatre feuillets ou huit pages, dans lequel l'auteur, en style pompeux, rappelle le soin que prenaient les Romains d'établir à grands frais de somptueuses fontaines et d'immenses aqueducs pour fournir aux villes des eaux salubres et abondantes, et, de là, passe à l'éloge non moins pompeux des travaux analogues dont la ville de Rouen était redevable surtout à son illustre archevêque GEORGES D'AMBOISE, dont il parle avec enthousiasme, et qu'il appelle *émulateur des vertus romaines, vrai zélateur et amateur de l'honneur, bien et augmentacion de la chose publique,* etc. Le reste des feuillets, au nombre de dix-neuf, est consacré à la description historique de la source Gaalor ou du Château, la plus ancienne de toutes, et aux fontaines qui en dépendent ; il en est de même des deuxième et troisième cahiers, l'un de seize feuillets pour la source de Darnetal ou Carville, et l'autre de dix-huit feuillets pour la source d'Yonville ; enfin, cette partie écrite du Livre des

______

(1) Voir pour preuve, ci-après, p. 32 et la planche 2 en tête de cette notice.
(2) Nous avons remarqué une analogie frappante entre ces peintures et celles de plusieurs manuscrits du même temps, exécutés à Rouen et conservés à la Bibliothèque publique.

Fontaines est terminée par une pièce qui paraît avoir échappé à tous ceux qui ont pris connaissance et ont parlé de ce livre, ou du moins dont il n'a été fait, jusqu'à présent, aucune mention, et est complétement inédite, malgré son extrême importance ; car, outre qu'elle offre un curieux *spécimen littéraire* du temps, l'auteur JACQUES LE LIÉUR, entre autres choses dignes d'être notées, y déclare formellement que le texte a été écrit et les plans mesurés, dessinés et lavés [*pourtraictez*] de sa propre main ; Fait des plus remarquables, qui double le prix de cette œuvre ; Fait dont on avait le soupçon, mais dont on ne croyait pas posséder la preuve authentique que nous publions ici pour la première fois :

*En l'an de la rédemtion humaine mil cinq cens vingt cinq le xxx*ᵉ *jour de janvier que moy Jacques Le Lieur notaire et secrétaire du Roy seigneur de Bresmetot et naguères conseiller de la dicte ville donnay ce présent Liure à la communaulté de la dicte ville et le présentay à nobles hommes Jehan Le Roux seigneur de l'Esprenier Guillaume Auber sieur De la Haie Jehan du Hamel sieur du Busc Jehan de Hautot guarde des scaux de la Viconté de Rouen Michel de Batencout et mestre Nicole Osmont conseillers d'icelle mestre Pierre le Cosppil sieur du Parquet procureur de ladicte communaulté en la présence de Jehan Pappillion clerc et greffier d'icelle commnnaulté pour estre et demouré a tousjours en la maison commune d'icelle ville tel que dessus est escript ; estoit lestat et ordre cours et sources des fontaines de ceste ville de Rouen lequel avoit esté charché veu teze pourtraict et redigé par escript en ce présent livre de la moin de moy dict Le Lieur en ayant plus esgard de fidelement escripre la vérité en langue familière que curieusement observer grande et profonde éléguance en ma descripcion Et pour ce que légerement tout homme peult errer et principalement es choses de grand antiquité ou pou ou riens escriptes ou de quoy la prolixité du temps qui tout extermine et reiecte arière ou anientit la congnoissance du vray en ténèbres et obscurité Je prye a toux les bons personnages qui ont a succéder en ceste maison de police que leur plaisir soit supporter les erreurs sy aucunes en y a et les émender fraternellement et sy lescript et les cours ne sont mys et drechez* *en tel ordre que l'affaire le requeroit bien ce néanmoins ce pourra proùffiter a la pollice de auoir mys en aucune lumiere et congnoissance ce qui estoit en ténèbres et presque totalement ignoré mesmes aussy ce qui a esté faict de mon temps rédigé en quelque ordre pour estre perpetuel en stimullant et incitant toux bons zélateurs du bien publique de impartir par emulacion louable leur entendement paine et labeur a augmenter et refformer les choses de bien en mieulx ou pour le moins continuer et adiouester en ceste presente histore chascun en son temps ce qu'il surviendra et sera augmenté ou innové au faict des dictes fontaines et pour ce faire leur ay délaissé par mon testament la plume et parchemin préparé en la fin de la descripcion de chascune fontaine particulierement mesmes à la fin de ce liure les exortant y excercer et employer leurs espritz a l'honneur de celuy seigneur qui tout peult et duquel l'Esprit tres sacré estoit en la prisme créacion du monde déporté sur les Eauz.*

Nous ajoutons et transcrivons encore ici, à la suite de cette curieuse pièce, et comme document également utile, la copie extraite du même livre, de l'acte de donation et d'acceptation qui en confère la propriété à la ville de Rouen :

Le mardi penultieme jour de janvier mil cinq cens vingt-cinq noble homme Jacques Le Lieur seigneur de Bresmetot et du Bosc-Benard notaire et secrétaire du roy notre sire et l'un des conseillers anciens de la ville de Rouen a présenté à sires Jehan Lecour Sᵣ de Lespervier Guillaume Auber Sᵣ de la Haye Jean Du Hamel Sᵣ Dubusc Jehan de Hotot garde-des-seaulx et obligacions de la viconté dudict Rouen Michel de Batancourt et Nicolas Osmont conseillers modernes de ladicte ville ce présent liure en parchemyn couvert de velour noir à garnitures fort enrichies de laton doré de fin or lequel liure est enclos dedens ung estuy en forme de liure fermant à clef et sont contenuz en iceluy liure et figurées les cours des fontaines à present estants en la dicte ville depuis les sources d'icelles auec plusieurs autres choses dignes de memore qui concernent le fait des dictes fontaines Iceluy présent et don fait es présence de maistres Pierres Legouppil procureur-général de la dicte ville sire Jacques Guérin conseiller ancien maistres Jehan Gombault et Jehan Vasselin pencionnaires d'icelle ville Jehan Pappillon clerc et greffier de la dicte ville et Robert

Lemoyne commis aux ouurages d'icelle pour iceluy liure donné à la communaulté d'icelle demourre perpetuellement et a tousiours à la dicte communaulté.

Signé PAPPILLON, avec paraphe.

La seconde partie, les plans, est exécutée sur quatre bandes de parchémin, composées de plusieurs morceaux réunis, et qui, pour être renfermées dans le format du livre, étaient pliées et repliées sur elles-mêmes, ce qui a été la cause principale, nous l'avons dit, du déplorable état dans lequel les objets, tracés à la plume et coloriés sur ces plans, se trouvent maintenant.

La première bande de 1 mètre 37 centimètres de long sur 65 centimètres de haut environ (1), offre la vue générale et panoramatique de la ville, dont nous avons parlé ci-dessus, pages 23 et 27. Primitivement placée en tête du livre dont elle était en quelque sorte le frontispice, elle en a été détachée en 1843, lors de sa restauration (Voyez ci-dessus, p. 27), fixée sur toile et placée en un cadre convenable, dans le cabinet du conservateur des Archives.

Cette sorte de mutilation que pourraient blâmer des gens sévères sur ce chapitre, et que, dans tout autre cas, nous ne tenterions pas nous-même de justifier, était ici d'une nécessité indispensable, et le *seul moyen possible* de conserver et de rendre à sa splendeur primitive cette œuvre si importante pour l'art et l'histoire.

Nous n'essaierons point de donner une description des détails éminemment curieux que renferme ce vaste tableau ; quelque longue et minutieuse qu'elle pût être, elle ferait mal

---

(1) 4 pieds et 1/2 de long sur 2 pieds de haut, mesure ancienne.

connaître ce qui ne peut être bien vu et bien étudié que par soi-même. Ce caractère distinctif de l'ensemble et de chaque partie, cet aspect local, ces particularités minutieuses qu'on n'aperçoit que quand elles vous ont échappé dix fois ; ces comparaisons incessantes à faire des choses d'alors et des choses d'aujourd'hui ; ces preuves parlantes qui confirment ou nient telle tradition, tel récit, telle opinion, etc., etc.; il faut aller voir, aller chercher tout cela soi-même ; notre plume s'égarerait et serait insuffisante dans cette riche nomenclature. Nous devons dire un mot seulement de la jolie petite miniature à figures si étrangement placée au milieu du tableau, brochant sur le tout, et que nous avons reproduite en tête de cette notice (pl. 4ᵉ); elle représente, au lieu de l'extérieur de la maison de ville, dont elle paraît occuper et recouvrir la place, seulement une salle de cet édifice, dans laquelle les conseillers et le greffier assemblés reçoivent, de la main de JACQUES LE LIEUR, le don du LIVRE DES FONTAINES. Il est probable que cette peinture reproduit, autant que ses dimensions le permettent, la physionomie exacte des personnages représentés, et l'on ne saurait se plaindre, malgré sa bizarrerie, du moyen ingénieux choisi par l'artiste pour rendre en action le fait honorable du généreux auteur du livre (1).

La deuxième bande de parchemin, de 34 centimètres de

____

(1) Nous n'avons pas compris cette vue générale de Rouen au nombre des dessins de notre publication sur le Manuscrit des Fontaines, dont nous avons parlé ci-dessus, pages 28 et 29, parce que, par sa dimension et la multiplicité de ses détails, elle ne pouvait être convenablement réduite au format que nous avons adopté ; mais, à raison de l'intérêt réel qui s'y rattache, elle a été l'objet d'une publication à part, en fac-simile exact, réduit au quart de la grandeur de l'original. (Une planche en couleur ou au trait, chez les principaux libraires et marchands d'estampes de Rouen et de Paris.)

hauteur sur 3 mètres 3o centimètres de long (1), non compris une partie ajoutée latéralement, est consacrée aux cours des fontaines provenant de la source de Gaalor, et placée immédiatement après le cahier du texte qui lui correspond. Il en est de même de la troisième bande, de 34 cent. de haut sur plus de 8 mètres de long, non compris également une appendice latérale (2), consacrée à la source de Carville ou de Darnetal, et de la quatrième, toujours de 34 centim. de haut, mais sur 4 mètres 70 centimètres de long (3), consacrée à la source d'Yonville. Sur ces trois dernières bandes, les objets représentés seulement au trait, avec quelques teintes au lavis, n'ont pas l'effet et le fini de la vue générale peinte, mais présentent aussi à l'observation une foule de choses que nous ne pourrions faire connaître qu'en reproduisant textuellement la notice très détaillée de M. de la Quérière, citée déjà ci-dessus, pages 25 et 26. Nous préférons y renvoyer le lecteur.

Si l'on s'en rapporte aux dates placées à la fin du premier et du dernier cahier, le Livre des Fontaines aurait été exécuté de 1524 à 1525.

L'acte de donation relaté ci-dessus, page 33, nous apprend que le Livre des Fontaines était d'abord couvert de velours noir, avec *garnitures de laiton, dorées de fin or*; mais, d'après un autre acte daté de 1603, il paraît qu'à cette belle reliure on en avait substitué bientôt une en basane violette, la même qui existait encore il y a quelques années, mais sans

---

(1) 1 pied de haut sur 10 pieds de long, mesure ancienne.
(2) 1 pied sur près de 25 pieds de long, mesure ancienne.
(3) 1 pied sur 14 pieds, mesure ancienne.

ornements, et qui, vu son état de vétusté, est aujourd'hui remplacée par une troisième en maroquin vert, avec filets et ornements dans le goût du XVIe siècle, dorés au fer chaud ; l'ancien coffret, avec plaque aux armes de LE LIEUR, existe encore comme objet curieux, mais ne sert plus : on lui a préféré un étui de carton (1).

Cet acte de 1603, qui est une sentence rendue par Jacques Lecavelier, lieutenant-général au Bailliage de Rouen, consignée dans le journal des échevins (Archives communales, vol. 6, années 1608-1618, folio 15) et qui avait été communiqué par M. Bauvet, ancien Archiviste, à M. de Stabenrath, qui le publia, le premier, dans la *Revue de Rouen*, numéro d'avril 1830, nous révèle un fait assez curieux, qui appartient de trop près à l'histoire du Livre des Fontaines, pour que nous négligions d'en faire mention ici ; c'est que, vers cette époque (1600), un sieur Boullais, maître des ouvrages et fortifications de la ville, fonctions qu'il exerçait depuis 1596, avait *indûment*, termes de la sentence, *et sans permission, détourné le livre contenant les pourtraict des cahots* et sources des fontaines de la ville, et en avait, tout aussi indûment, *fait et dressé une copie exacte :* contrefaçon qu'il avait étendue jusqu'à la *couverture en basane violette,* semblable à celle de l'original, en substituant, toutefois, sur une des pages du texte, ses propres armes à celles de LE LIEUR. Sans doute l'individu mourut peu de temps après, puisque la ville, tardivement instruite du méfait, attaqua seulement les

---

(1) Qui, différemment disposé et plus ample, est d'un usage plus commode que l'ancien.

héritiers, desquels elle revendiqua cette copie, dont elle demandait la remise immédiate aux Archives. Les héritiers ne se firent pas trop prier, mais réclamèrent du moins les frais qu'avait coûtés l'exécution de cette copie, ce qui leur fut refusé, et ladite copie, est-il ajouté formellement, *fut déposée dans le Chartier de la ville, et enfermée dans un sac séparé de l'original, qui, luy, étoit dans un estuy fermant à clef, pour le garder soigneusement et n'etre transporté que quand besoin sera* (1). Le plus curieux de l'affaire est que oncques depuis on n'a entendu parler de cette copie et qu'on ne sait pas ce qu'elle est devenue : cependant, elle serait fort précieuse aujourd'hui, et comme il est difficile de croire qu'elle a été détruite, sa disparition ne peut aussi être attribuée qu'à un second acte d'infidélité, déjà fort ancien sans doute, mais sur lequel l'autorité pourrait peut-être encore faire d'utiles recherches : nous serions heureux si l'avis que nous exprimons ici pouvait être pris en considération, et procurer dans nos archives la réintégration de cet important objet.

De temps immémorial, la famille *Le Lieur* possédait à Rouen, conjointement avec celle des Alorge, autre ancienne et notable famille, un vaste terrain, qui, selon Farin, t. ii, p. 74, leur avait été concédé par les ducs de Normandie. C'est sur ce terrain que, depuis, ont été élevés l'église et le

---

(1) Nous devons à l'obligeance de M. Richard d'avoir pu prendre connaissance de la pièce originale qui constate la véracité de ce fait.

quartier Saint-Martin-du-Pont, qui, sans doute, doivent en partie leur construction, au moins depuis le XIIIe siècle, à ces deux familles. Celle de LE LIEUR y avait conservé sa demeure, et divers actes de partages et donations que l'on retrouve aux archives départementales et en celles des tabellions de Rouen, nous apprennent que dans la rue qui traverse ce quartier, en longeant alors l'ancienne église Saint - Martin - du - Pont, rue appelée, depuis, rue de la Savonnerie, et qui ne fut d'abord que le prolongement de celle des Cordeliers, il existait un tènement, sous l'enseigne *des trois Flacons*, de trois maisons reconnaissables encore aujourd'hui malgré des reconstructions successives, qui fut le berceau des *Le Lieur*.

Ces maisons furent, sans doute, possédées et habitées, vers la fin du XVe siècle, par les trois frères Robert, Jacques et Roger, père et oncles de notre JACQUES LE LIEUR (*voyez ci-après, p.* 40), car, nous voyons le susdit Robert, l'aîné et probablement le plus riche des trois frères, user noblement et généreusement de sa fortune, surtout envers l'église de Saint-Martin-du-Pont, *sa paroisse,* dont *sa maison* était contiguë, en donnant, par acte de 1476, une somme de *cent écus d'or* pour le droit qu'on lui avait accordé d'ouvrir une porte de *sa maison* sur le cimetière de l'église, afin de se rendre plus facilement aux offices, et, par acte de 1484, concéder même une partie de *sa maison* pour augmenter l'édifice de l'église ; plus, diverses autres sommes à différentes époques, pour les embellissements et réparations d'une chapelle à côté du chœur (1) , chapelle qui peut-être appartenait

(1) Farin dit que, près du grand autel, était la sépulture de M. Alorge, décédé en 1406, et, près de là, celle de MM. Le Lieur, t. II, p. 298.

à la famille, où elle avait sans doute droit de sépulture et qui était décorée de ses armes.

Nous avons vu ci-dessus (page 6), que Jacques, son frère, et oncle de l'auteur du Manuscrit des Fontaines, avait été de son côté fort libéral envers la même église, aussi sa paroisse; enfin, dans une reconnaissance de lots de janvier 1503, il apparaît que notre Jacques Le Lieur, déjà héritier de la maison de son père, mort l'année d'avant, obtenait encore, dans le troisième lot qui lui échoit, *l'hôtel, maison, héritage et tènement où demeurait Jacques Le Lieur* (son oncle qui venait aussi de mourir) *assis, lors de son trépas, en la paroisse de Saint-Martin-du-Pont*, laquelle maison *bornée, d'un côté, par divers* (dénommés), *par devant, le pavement de la rue de la Savonnerie, et, d'autre côté, l'hôtel où demeurait la veuve et les enfants de Robert* (son père), c'est-à-dire la maison où il demeurait lui-même avec sa mère et son frère, et qu'il réunit probablement à celle qui venait encore de lui échoir. Or, cette maison serait celle qui existe encore aujourd'hui, sous un tout autre aspect sans doute, rue de la Savonnerie, n° 18, en face de la rue de la Tuile, et près de laquelle est le dernier regard de la fontaine Lisieux; elle est devenue la propriété de M. Augustin Richard, négociant, qui a bien voulu nous faire remettre copie de quelques extraits de ses titres de propriété qui confirment ce que nous venons de dire (1).

---

(1) Nous y trouvons la liste successive des propriétaires de cette maison jusqu'à ce jour : 1484, Robert Le Lieur; — 1503 et suivants, notre Jacques Le Lieur; — 1560, François de Pardieu, époux de la fille de J. Le Lieur; — 1578, un Antoine Le Lieur; — 1719, demoiselle Marguerite Dufour; — 1750, Nicolas de Coquiel-Esquier, courrier du cabinet; — 1757, Thomas-Simon Baranguay, négociant; — 1760, Jean-Baptiste Desabaye, idem; — 1780, Bigot de Sommesnil; — 1809, Richard (Augustin), négociant, propriétaire actuel.

A tous ces documents authentiques, plus que suffisants pour faire connaître le lieu précis, la maison même où est né et où habitait JACQUES LE LIEUR, lorsqu'il exécuta le *Manuscrit des Fontaines,* et en fit don à la ville de Rouen, nous en joindrons deux autres non moins concluants, tirés du Manuscrit même des Fontaines, et dont nous croyons pouvoir encore revendiquer la découverte, puisque jusqu'à présent ils n'ont été mentionnés par personne. Le premier est le passage suivant, extrait de la description des cours et regards d'eau de la fontaine Lisieux, où l'auteur dit :

« Soit noté qu'il y a en la dicte cuve ung petit tuyau qui donne l'eaue de la dicte fontaine en la maison de moy dict Le Lieur le quel tuyau ma esté permis par tollerance et permission seulement en contemplation des vaccations et diligence et travaulx que moy dict Le Lieur ay soustenus et portez en ayant la principale charge soubs MM. les aultres Conseillers de la dicte ville de faire venir la dicte fontaine prendre garde sur les ouvriers qui ont besogné aux cours et aussi que le dict cours ne court en ma maison que en une chantepleure qui clot et oeure a toutes heures, et ne peut en riens préjudicier au principal cours de la dicte fontaine.

Ce passage est doublement curieux, puisqu'il nous apprend en outre la mission dont fut chargé JACQUES LE LIEUR, et la part qu'il prit dans les travaux des fontaines. Le second document, qui se lie essentiellement au premier en est le complément obligé, est la pourtraicture de cette maison (comme on eu dit dans le temps), dessinée par le propriétaire lui-même sur la troisième feuille des plans du Livre des Fontaines, et désignée par une petite banderolle sur laquelle est écrit : Maison de Maître Jacques Le Lieur. Nous l'avons reproduite planche 3.

En terminant cette notice sur un compatriote, sur un

homme honorable qu'on avait oublié, et après avoir essayé,
le premier, de remettre en lumière tous ses titres à la haute
estime que lui doit la postérité, et qui, sans doute, ne lui fut
pas déniée par ses contemporains, nous serait-il permis
d'exprimer un vœu que nous adressons à qui de droit, celui
de voir le nom de JACQUES LE LIEUR inscrit sur la maison
jadis le berceau et la demeure de cet illustre échevin (1).

T. de Jolimont.

(1) Ce vœu a été rempli : Sur le rapport de l'Académie de Rouen, l'autorité
municipale a fait placer sur la maison de LE LIEUR, occupée aujourd'hui par
M. Augustin Richard, négociant, une inscription commémorative en lettres d'or
sur une table de marbre blanc.